Tomando medidas para o planeta:

Ações eco-responsáveis a serem adotadas hoje

Kris Roots

ÍNDICE

Parte 2: Economia de Energia

- Otimize o isolamento da sua casa
- Use aparelhos energeticamente eficientes
- Mudar para iluminação LED
- Reduza o consumo de água quente
- Evitando o desperdício de energia

Parte 3: Mobilidade sustentável

- Promoção do transporte público
- Opte pela carona solidária e compartilhamento de veículos
- Prefira viajar de bicicleta ou a pé
- Escolher veículos com baixas emissões
- Limitar as viagens aéreas

Parte 4: Consumo Responsável

- Reduzir o uso de plástico
- Prefira produtos sem embalagem ou com embalagens recicláveis
- Use sacolas reutilizáveis
- Recicle corretamente
- Opte por produtos ecológicos de higiene e beleza

Parte 5: Conscientização e Engajamento

- Informe e conscientize as pessoas ao seu redor
- Engajar-se em ações locais ou associações ambientais
- Apoiar iniciativas sustentáveis e eco-responsáveis
- Participe de dias de limpeza ou campanhas de conscientização
- Influenciar as decisões de política ambiental

Incentivando a ação hoje para o planeta

Obrigado

INTRODUÇÃO À ECO-RESPONSABILIDADE

Vivemos em um mundo em constante mudança, enfrentando desafios ambientais sem precedentes. A degradação ambiental, as alterações climáticas, a perda de biodiversidade e a poluição são questões que requerem a nossa atenção e acção imediata. É aqui que entra a eco-responsabilidade.

Eco-responsabilidade é muito mais do que apenas uma tendência ou um conceito da moda. É um modo de vida consciente e comprometido que reconhece nossa responsabilidade com o planeta e as gerações futuras. É um convite a repensar nossas escolhas diárias, nossos hábitos de consumo e nossos comportamentos, a fim de minimizar nosso impacto no meio ambiente e preservar os recursos naturais.

Ser eco-responsável significa reconhecer que cada uma de nossas ações conta. Seja como consumimos, nos movemos, comemos ou gerenciamos nossos resíduos, temos o poder de fazer mudanças positivas. A eco-responsabilidade não requer uma transformação radical de nossas vidas, mas sim uma série de pequenos passos na direção certa, um compromisso de fazer melhor e agir em harmonia com a natureza.

Este livro irá acompanhá-lo em sua jornada em direção a uma vida mais eco-responsável. Você vai descobrir dicas práticas, dicas simples e informações essenciais para adotar hábitos sustentáveis no dia a dia. Se você é um novato ou já está comprometido com uma abordagem ecológica, aqui você encontrará ideias inspiradoras para reduzir sua pegada ecológica, preservar os recursos naturais e contribuir para a preservação do nosso belo planeta.

A eco-responsabilidade é uma jornada coletiva. Todos somos chamados a participar na criação de um mundo melhor e mais sustentável. Juntos, podemos fazer a diferença. E aí, pronto para o desafio? Abra as páginas deste livro, explore as possibilidades e deixe-se guiar por uma vida eco-responsável, cheia de significado e respeito pelo nosso meio ambiente.

Agora é a hora de agir, por nós, pelas gerações futuras e pela saúde do nosso planeta. Vamos nos comprometer com a eco-responsabilidade e nos tornarmos agentes de mudança. O futuro começa agora.

ENTENDENDO A ECO-RESPONSABILIDADE

A eco-responsabilidade é um conceito fundamental na busca de um estilo de vida mais sustentável e amigo do ambiente. Mas o que realmente significa ser eco-responsável?

Ser eco-responsável significa reconhecer nosso impacto no planeta e tomar consciência das consequências de nossas ações. Isso envolve a adoção de comportamentos e escolhas que minimizem esse impacto, promovam a sustentabilidade e conservem os recursos naturais.

A eco-responsabilidade abrange muitos aspectos da nossa vida diária, desde os nossos hábitos de consumo até à forma como nos movemos, incluindo a nossa gestão de alimentos e resíduos. É uma abordagem holística que visa encontrar um equilíbrio entre as nossas necessidades individuais e a preservação do meio ambiente.

Compreender a eco-responsabilidade significa tomar consciência da nossa pegada ecológica. Trata-se de medir o impacto das nossas escolhas em aspectos como o consumo de energia, a produção de resíduos, a poluição, a utilização dos recursos naturais e a biodiversidade. Isso nos permite ver áreas em que podemos fazer mudanças significativas.

A eco-responsabilidade envolve também o questionamento de normas e práticas estabelecidas. É um apelo para repensarmos a forma como consumimos, produzimos e vivemos, procurando alternativas mais sustentáveis e amigas do ambiente. Isto pode significar escolhas como privilegiar os produtos locais e biológicos, reduzir o nosso consumo de energia, optar por transportes mais ecológicos ou reutilizar e reciclar os nossos resíduos.

Entender a eco-responsabilidade também significa perceber que cada indivíduo tem um papel a desempenhar. Nossas ações, por menores que sejam, podem ter um impacto cumulativo significativo. Ao adotar comportamentos eco-responsáveis, tornamo-nos agentes de mudança e contribuímos para a criação de um futuro mais sustentável para todos.

Em suma, entender a eco-responsabilidade significa tomar consciência do nosso impacto no meio ambiente, buscar reduzir esse impacto e adotar escolhas sustentáveis de estilo de vida. É um processo contínuo que nos estimula a nos informarmos, a estarmos atentos às nossas decisões e a buscarmos soluções para preservar nosso planeta.

A IMPORTÂNCIA DA ECO-RESPONSABILIDADE NA NOSSA SOCIEDADE

A eco-responsabilidade desempenha um papel crucial na sociedade atual, que enfrenta grandes desafios ambientais. Eis a importância da eco-responsabilidade em nossa sociedade:

Preservação do meio ambiente: A eco-responsabilidade é essencial para proteger e preservar o meio ambiente. Ao adotarmos comportamentos amigos da natureza, contribuímos para a preservação dos ecossistemas, da biodiversidade e dos recursos naturais essenciais à nossa sobrevivência.

Luta contra as alterações climáticas: A eco-responsabilidade é uma forma eficaz de reduzir as emissões de gases com efeito de estufa responsáveis pelo aquecimento global. Ao adoptar práticas de eficiência energética, ao promover as energias renováveis e ao reduzir o nosso consumo de energia, estamos a ajudar a combater as alterações climáticas e a limitar as suas consequências devastadoras.

Gestão de resíduos: A eco-responsabilidade é essencial para a gestão responsável de resíduos. Ao reduzir a nossa produção de resíduos, reciclagem e compostagem, limitamos a poluição ambiental, conservamos os recursos naturais e reduzimos a necessidade de aterros e incineração.

Promoção de uma economia sustentável: a eco-responsabilidade incentiva o desenvolvimento de uma economia sustentável. Ao apoiar empresas que incorporam práticas amigas do ambiente, estimulamos a inovação e a criação de emprego em setores como as energias renováveis, a eficiência energética, a gestão de resíduos e os produtos verdes.

Melhoria da saúde humana: A eco-responsabilidade tem um impacto direto na nossa saúde. Ao adotar uma dieta saudável, reduzir a exposição a produtos químicos tóxicos e promover ambientes limpos e saudáveis, melhoramos nosso bem-estar geral e reduzimos o risco de doenças relacionadas ao meio ambiente.

Conscientização e educação: A eco-responsabilidade promove a conscientização e a educação em torno das questões ambientais. Ao compartilhar nosso conhecimento e incentivar outras pessoas a adotarem práticas sustentáveis, inspiramos mudanças positivas em nossa sociedade e criamos um impulso coletivo em direção a um futuro mais sustentável.

Concluindo, a eco-responsabilidade é de suma importância em nossa sociedade. Permite-nos preservar o ambiente, combater as alterações climáticas, gerir os resíduos de forma responsável, promover uma economia sustentável, melhorar a saúde humana e aumentar a sensibilização. Ao adotar comportamentos eco-responsáveis, contribuímos para a construção de um mundo mais equilibrado, resiliente e amigo da natureza.

BENEFÍCIOS PARA O MEIO AMBIENTE E AS GERAÇÕES FUTURAS

A eco-responsabilidade traz muitos benefícios para o meio ambiente e para as gerações futuras. Esses benefícios incluem:

Preservação da biodiversidade: A eco-responsabilidade contribui para a preservação da biodiversidade através da proteção dos ecossistemas, da redução da degradação dos habitats naturais e da minimização do impacto das atividades humanas nas espécies vegetais e animais.

Redução das emissões de gases de efeito estufa: Ao adotar práticas eco-responsáveis, como o uso de energia renovável, a eficiência energética e a redução das emissões de carbono, ajudamos a mitigar as mudanças climáticas e limitar seus efeitos nocivos ao meio ambiente e às pessoas.

Gestão responsável dos recursos naturais: A eco-responsabilidade promove a gestão sustentável dos recursos naturais, como a água, as florestas, o solo e os minerais. Ao reduzir o consumo excessivo, promover a reciclagem e adotar práticas agrícolas ecologicamente corretas, estamos preservando esses recursos preciosos para as gerações futuras.

Redução da poluição: A eco-responsabilidade ajuda a reduzir a poluição do ar, da água e do solo.

Ao utilizar produtos menos tóxicos, promover modos de transporte mais limpos e adoptar práticas agrícolas sustentáveis, limitamos os impactos nocivos da poluição no ambiente e na saúde humana.

Conservação da água: A eco-responsabilidade incentiva o uso responsável da água. Ao adotar medidas para economizar água, coletar água da chuva e proteger as fontes de água doce, estamos preservando esse recurso essencial para os ecossistemas naturais e para o fornecimento de água potável para as gerações futuras.

Promoção de uma economia circular: a eco-responsabilidade promove uma transição para uma economia circular, em que os resíduos são reduzidos, reutilizados e reciclados em vez de simplesmente deitados fora. Isso reduz o consumo de recursos naturais, economiza energia e reduz a geração de resíduos, ao mesmo tempo em que cria novas oportunidades econômicas.

Ao adotar práticas eco-responsáveis agora, estamos ajudando a criar um mundo mais sustentável para as gerações futuras. Ao preservar o ambiente, reduzir os impactos adversos das alterações climáticas e promover a utilização responsável dos recursos, estamos a dar-lhes um futuro mais saudável, mais equilibrado e mais próspero.

APRESENTAÇÃO DA EMERGÊNCIA ECOLÓGICA

Estamos diante de uma crise ecológica de magnitude sem precedentes. As provas científicas são esmagadoras: as alterações climáticas estão a acelerar-se, a biodiversidade está a diminuir a um ritmo alarmante, os recursos naturais estão a esgotar-se e a poluição ameaça a nossa saúde e a do nosso ambiente.

A emergência ecológica é uma realidade inegável que exige ações imediatas. As consequências do nosso modo de vida insustentável já se fazem sentir: fenómenos climáticos extremos, incêndios florestais devastadores, espécies ameaçadas e ecossistemas frágeis. Se não agirmos rapidamente, estes problemas só irão agravar-se, com consequências desastrosas para o nosso planeta e para as gerações futuras.

Chegou a hora de tomarmos consciência do nosso papel como indivíduos e como sociedade. Precisamos reconhecer a urgência da situação e entender que cada escolha que fazemos tem impacto no meio ambiente. É crucial mudar nossos hábitos de consumo, rever nossos métodos de produção, repensar nosso sistema energético e ultrapassar os limites da inovação para encontrar soluções sustentáveis.

Já não se trata apenas de preservar a beleza da natureza, mas de salvaguardar a nossa própria sobrevivência. A emergência ecológica requer mobilização coletiva em todos os níveis: individual, comunitário, político e econômico. Devemos agir juntos para reduzir as emissões de gases de efeito estufa, preservar os ecossistemas, promover a sustentabilidade e construir uma economia verde e inclusiva.

A emergência ecológica é também uma oportunidade para repensarmos nossa relação com a natureza e criarmos um futuro onde a harmonia entre o homem e o meio ambiente seja primordial. É um convite a reinventar o nosso modo de vida, a repensar o nosso conceito de prosperidade e a colocar a sustentabilidade no centro das nossas decisões.

Diante dessa emergência ecológica, temos o poder de agir. Cada ação conta, cada escolha faz a diferença. Juntos, podemos enfrentar essa crise e construir um futuro onde o equilíbrio entre o homem e a natureza seja restaurado. O tempo está a esgotar-se, mas não é tarde para agir. A emergência ecológica exige nosso compromisso coletivo e determinação de preservar nosso planeta para as presentes e futuras gerações.

IMPORTÂNCIA DA AÇÃO INDIVIDUAL

A acção individual desempenha um papel essencial na resolução da crise ecológica que vivemos. Eis a importância da ação individual:

Responsabilidade pessoal: Como indivíduos, temos a responsabilidade de cuidar do nosso meio ambiente. Cada ação que tomamos, seja em nossas escolhas de consumo, nossos hábitos de vida ou nossos comportamentos, tem um impacto direto no planeta. Agindo de forma responsável e eco-responsável, contribuímos para a redução da nossa pegada ecológica e preservação dos recursos naturais.

Efeito multiplicador: As ações individuais, quando compartilhadas e disseminadas, podem ter um efeito multiplicador. Toda pessoa que adota práticas sustentáveis influencia as pessoas ao seu redor, familiares, amigos e comunidade. Essas pequenas ações individuais se espalham e podem inspirar muitas outras a seguirem o mesmo caminho, criando um movimento coletivo de mudança.

Exemplo para os outros: Ao agir de forma eco-responsável, tornamo-nos exemplos vivos para os outros. Nossas ações falam mais alto do que nossas palavras e, ao liderar pelo exemplo que é possível viver de forma sustentável e responsável, encorajamos outros a fazerem o mesmo. Nossas escolhas individuais podem, assim, contribuir para uma mudança mais ampla na sociedade.

Pressão sobre empresas e tomadores de decisão: Como consumidores, nossas escolhas impactam as empresas e os tomadores de decisão. Ao optar por produtos ecologicamente corretos, exigindo práticas sustentáveis e apoiando empresas comprometidas com uma abordagem eco-responsável, influenciamos as políticas e práticas das empresas. Nosso poder de compra pode ser uma poderosa alavanca para incentivar as empresas a adotarem práticas mais sustentáveis.

Mudança de mentalidade: A ação individual contribui para a mudança de mentalidade e percepção coletiva. Ao adotar comportamentos eco-responsáveis, desafiamos as normas estabelecidas e os padrões de consumo dominantes. Contribuímos para a criação de uma cultura de sustentabilidade, onde o meio ambiente e a preservação dos recursos naturais são valorizados.

Sensação de realização pessoal: A ação individual para o ambiente proporciona uma sensação de realização pessoal. Cada gesto eco-responsável, por menor que seja, contribui para um futuro mais sustentável. Ao tomar consciência do nosso impacto e agir em conformidade, podemos sentir profunda satisfação e orgulho em sermos agentes de mudança.

Em conclusão, a acção individual é de importância crucial para resolver a crise ecológica. Cada uma de nossas escolhas e ações conta, e juntas elas podem ter um impacto significativo em nosso planeta. O compromisso pessoal com práticas eco-responsáveis é uma poderosa forma de contribuir para a preservação do meio ambiente e a construção de um futuro sustentável para todos.

PARTE 1: CONSUMO RESPONSÁVEL

Ao adotar uma abordagem de consumo responsável, podemos reduzir nosso impacto ambiental, apoiar práticas éticas e sustentáveis e contribuir para um futuro mais justo e equilibrado para todos. Esta primeira parte do livro explora os princípios e práticas do consumo responsável, oferecendo conselhos práticos para a adoção de escolhas de consumo mais respeitosas com o meio ambiente e a sociedade.

Reduzir e reciclar resíduos

Reduzir e reciclar resíduos é essencial para preservar o meio ambiente e os recursos naturais. Aqui estão algumas dicas práticas para conseguir isso:

Reduzir o desperdício na fonte:

Escolha produtos a granel ou com menos embalagens.

Escolha produtos duráveis e reutilizáveis em vez de descartáveis.

Planeje suas compras e evite compras por impulso.

Prefira produtos com longa vida útil em vez de descartáveis.

Reutilizar e dar uma segunda vida aos objetos:

Reutilize sacos de pano, garrafas e recipientes.

Doe ou venda itens que você não usa mais em vez de jogá-los fora.

Escolha produtos de segunda mão ou compartilhar objetos com outras pessoas.

Pratique a triagem seletiva e a reciclagem:

Configure um sistema de triagem domiciliar separando os diferentes tipos de resíduos.

Identifique pontos de coleta e centros de reciclagem perto de você.

Recicle materiais como papel, plástico, vidro e metal de acordo com as diretrizes locais.

Compostagem de resíduos orgânicos:

Crie uma composteira em seu jardim ou use uma composteira comunitária.

Compostar resíduos de cozinha, como restos de frutas e verduras, cascas e borra de café.

Use composto como um fertilizante natural para suas plantas e jardim.

Evite o desperdício de alimentos:

Planeje suas refeições e faça uma lista de compras para evitar compras excessivas.

Armazene os alimentos adequadamente para prolongar sua vida útil.

Use sobras para criar novas receitas ou congelá-las para uso posterior.

Conscientize e eduque as pessoas ao seu redor:

Compartilhe seu conhecimento sobre redução de resíduos com familiares, amigos e colegas.

Organizar workshops ou eventos para promover a gestão sustentável de resíduos.

Incentive outras pessoas a adotarem práticas semelhantes, liderando pelo exemplo.

Ao adoptar estas medidas, está a ajudar a reduzir o impacto ambiental dos resíduos e a criar um estilo de vida mais sustentável. Cada ação conta e, juntos, podemos fazer uma diferença real para preservar nosso planeta.

Promover produtos locais e sazonais

Para promover produtos locais e sazonais, aqui vão algumas dicas práticas:

Escolha mercados locais e produtores locais:

Informe-se sobre os mercados locais perto de você e favoreça-os para suas compras de frutas, legumes, carnes, laticínios, etc.

Compre diretamente de produtores locais. Muitas vezes estão presentes em mercados ou oferecem cestas de produtos locais.

Saiba mais sobre as estações do produto:

Saiba mais sobre frutas e legumes da estação em sua área. Geralmente são mais frescos, saborosos e acessíveis.

Consulte os calendários de sazonalidade dos produtos locais para saber os períodos ideais de compra.

Participe de iniciativas locais de cesta básica:

Junte-se a programas locais de cestas básicas ou cooperativas agrícolas. Eles permitem que você receba regularmente produtos frescos e sazonais diretamente dos agricultores locais.

Cultive seu próprio jardim ou junte-se a uma comunidade de jardinagem:

Se você tem um espaço ao ar livre, considere cultivar suas próprias frutas, legumes e ervas. Não há nada melhor do que comer produtos cultivados em seu próprio jardim!

Se você não tem um espaço pessoal, pergunte sobre hortas comunitárias onde você pode cultivar produtos locais com outros membros da comunidade.

Use aplicativos ou sites dedicados a produtos locais:

Use aplicativos ou sites que permitem que você encontre produtores locais, mercados de agricultores e pontos de venda de alimentos locais perto de você.

Apoiar restaurantes e estabelecimentos que utilizam produtos locais:

Ao jantar fora, procure restaurantes que enfatizem o uso de produtos locais em seus cardápios. Isso não apenas apoia os agricultores locais, mas também permite que você experimente pratos frescos e sazonais.

Procure por selos e certificações locais:

Alguns produtos locais podem ser certificados por selos regionais ou locais que garantem sua origem e qualidade. Informe-se sobre as etiquetas existentes na sua área e procure-as na hora das compras.

Planeje suas refeições de acordo com as estações do ano:

Antes de ir às compras, verifique os calendários de sazonalidade dos produtos locais. Planeje suas refeições com base em produtos disponíveis localmente nesta época do ano. Isso permitirá que você crie menus equilibrados e descubra novas receitas usando ingredientes sazonais.

Explore as culturas locais e tradições culinárias:

Cada região tem suas próprias especialidades e tradições culinárias. Aproveite a oportunidade para explorar e descobrir pratos tradicionais baseados em produtos locais e sazonais. É uma ótima maneira de mostrar a herança culinária local e apoiar os produtores locais.

Seja flexível e de mente aberta:

Os produtos locais e sazonais podem variar dependendo das condições climáticas e das colheitas. Esteja preparado para ser flexível nas suas escolhas alimentares e adaptar-se aos produtos disponíveis localmente. Isso permitirá que você diversifique sua dieta e desfrute de produtos frescos e de qualidade.

Envolva-se em iniciativas de jardinagem comunitária:

Junte-se a hortas comunitárias ou projetos de jardinagem compartilhados onde você pode cultivar seus próprios produtos locais e trocar dicas e colheitas com outros membros da comunidade. É uma ótima maneira de criar laços sociais e promover os produtos locais.

Informe-se sobre os benefícios dos produtos locais:

Saiba mais sobre os benefícios ambientais, sociais e econômicos de comer localmente. Compartilhe essas informações com as pessoas ao seu redor para conscientizá-las sobre a importância de promover produtos locais e sazonais.

Incentivar mercearias e supermercados a oferecer mais produtos locais:

Compartilhe seu interesse em produtos locais com proprietários de supermercados e mercearias em sua área. Peça-lhes que expandam suas ofertas de produtos locais para atender à crescente demanda do consumidor.

Ao promover produtos locais e sazonais, você ajuda a apoiar a economia local, reduzir as emissões de gases de efeito estufa do transporte de alimentos, promover a diversidade agrícola e descobrir novos sabores de acordo com as estações do ano. É uma forma concreta de apoiar a agricultura sustentável e desfrutar de alimentos mais saudáveis e amigos do ambiente.

Adoção de dietas sustentáveis

Adotar dietas sustentáveis é uma maneira poderosa de reduzir nosso impacto no meio ambiente e promover a sustentabilidade em nosso sistema alimentar. Aqui estão algumas dicas práticas para conseguir isso:

Priorize alimentos à base de plantas:

Reduza o consumo de carne e produtos de origem animal.

Opte por fontes proteicas à base de plantas, como leguminosas, nozes e sementes.

Inclua mais frutas, vegetais e grãos integrais em sua dieta.

Escolha alimentos orgânicos e locais:

Escolha produtos orgânicos para limitar a exposição a pesticidas e apoiar práticas agrícolas ecologicamente corretas.

Promover alimentos locais para reduzir a pegada de carbono associada ao transporte de alimentos.

Reduzir o desperdício de alimentos:

Planeje suas refeições com antecedência e faça uma lista de compras para evitar compras por impulso.

Armazenar e armazenar alimentos corretamente para estender sua vida útil.

Use sobras para criar novas receitas ou congelar para uso posterior.

Compostar resíduos alimentares para valorização.

Limite de embalagem:

Escolha produtos a granel ou com embalagens recicláveis.

Evite produtos sobreembalados ou embalados individualmente.

Use recipientes reutilizáveis para transportar suas refeições e lanches.

Apoiar práticas de pesca sustentáveis:

Escolha frutos do mar de origem sustentável, como MSC (Marine Stewardship Council) ou ASC (Aquaculture Stewardship Council) certificados.

Aprenda sobre práticas de pesca responsáveis e evite espécies sobrepescadas ou capturadas destrutivamente.

Escolha alimentos não processados:

Opte por alimentos frescos e não processados, tanto quanto possível.

Evite alimentos ultraprocessados que contenham aditivos e ingredientes artificiais.

Fique atento ao seu consumo de água:

Reduza o consumo de água, evitando o desperdício e escolhendo métodos de cozimento mais eficientes em termos de água.

Escolha culturas e alimentos que necessitem de menos água para a produção.

Eduque-se e compartilhe seus conhecimentos:

Saiba mais sobre questões de sustentabilidade em nosso sistema alimentar.

Compartilhe seu conhecimento com as pessoas ao seu redor e incentive-as a adotar uma dieta sustentável.

Ao adotar alimentos sustentáveis, você ajuda a reduzir a pegada ambiental de sua dieta, apoia práticas agrícolas ecologicamente corretas e promove uma alimentação saudável para você e para o planeta. Cada escolha conta e, juntos, podemos ter um impacto positivo no nosso sistema alimentar.

Favoreça produtos de comércio justo

Favorecer os produtos do comércio equitativo é uma forma de apoiar os produtores e os trabalhadores dos países em desenvolvimento, oferecendo-lhes condições de trabalho justas e promovendo o seu desenvolvimento económico.

Aqui estão algumas dicas para produtos de comércio justo:

Procure por rótulos de comércio justo:

Produtos certificados por selos como Fairtrade, Max Havelaar ou o selo da Organização Mundial do Comércio Justo (WFTO) garantem que os produtores foram remunerados de forma justa e que condições dignas de trabalho foram respeitadas. Procure por esses rótulos ao fazer compras.

Opte pelo café, chá e cacau de comércio justo: Esses produtos estão entre os mais comumente disponíveis nas versões de comércio justo. Procure marcas que ofereçam café, chá e cacau de comércio justo e priorize-as em suas escolhas.

Escolha frutas e legumes de comércio justo:

Cada vez mais marcas estão oferecendo frutas e legumes de comércio justo. Saiba mais sobre marcas e iniciativas locais que apoiam agricultores de comércio justo.

Explore produtos artesanais de comércio justo:

Além dos produtos alimentícios, muitos artesanatos como roupas, bijuterias, acessórios e itens de decoração também são comércio justo. Procure marcas e lojas que levem esses produtos e incentivem o comércio justo de artesanato.

Apoiar cooperativas e organizações de comércio justo:

Algumas organizações de comércio justo trabalham diretamente com cooperativas de produtores. Ao comprar seus produtos, você apoia diretamente essas cooperativas e os trabalhadores que fazem parte delas.

Saiba mais sobre o impacto do comércio justo:

Eduque-se sobre os benefícios e desafios do comércio justo. Compartilhe seu conhecimento com as pessoas ao seu redor para aumentar a conscientização sobre a importância do comércio justo e incentivar seu engajamento.

Procure alternativas justas para FMCG:

Muitos produtos de consumo, como açúcar, arroz, especiarias, óleos, etc., também estão disponíveis em versões de comércio justo. Aproveite para pesquisar e escolher essas alternativas justas na hora das compras.

Ao dar prioridade aos produtos de comércio justo, ajuda a apoiar práticas comerciais mais justas, a melhorar as condições de vida dos produtores e trabalhadores e a promover um sistema económico mais justo e inclusivo. Toda compra justa conta e faz a diferença para construir um mundo mais justo e sustentável.

Limitar o consumo de carne e produtos de origem animal

Limitar o consumo de carne e produtos de origem animal é uma abordagem que pode ter um impacto significativo no ambiente, na saúde e no bem-estar dos animais. Veja algumas dicas práticas para reduzir o consumo de carne e produtos de origem animal:

Introduza refeições sem carne na sua rotina:

Comece dedicando um dia por semana a refeições totalmente vegetarianas ou veganas.

Explore novas receitas à base de verduras, legumes, grãos, nozes e sementes.

Adote o conceito de "refeições à base de plantas":

Faça cada vez mais refeições baseadas apenas em alimentos à base de plantas, reduzindo a quantidade de carne e produtos de origem animal no seu prato.

Experimente alternativas de carne:

Experimente alternativas à base de plantas, como proteína vegetal texturizada, tofu, tempeh, seitan ou produtos proteicos à base de plantas para substituir a carne em seus pratos favoritos.

Opte por proteínas à base de plantas:

Coma mais leguminosas (lentilha, grão de bico, feijão), produtos de soja (tofu, edamame), quinoa, nozes, sementes e outras fontes de proteína vegetal.

Explore novas fontes de nutrientes:

Aprenda sobre diferentes fontes de nutrientes essenciais, como proteínas, ferro, cálcio e vitaminas, e como obtê-los de fontes vegetais.

Seja criativo com vegetais:

Experimente uma grande variedade de vegetais, preparando-os de diferentes maneiras (cozidos, crus, assados, grelhados, purês, em saladas, etc.) para trazer variedade e sabor às suas refeições.

Incentive os restaurantes a oferecer opções vegetarianas:

Peça aos restaurantes locais que ofereçam mais opções vegetarianas e veganas, para atender à crescente demanda por refeições sem carne.

Informe-se e compartilhe recursos:

Saiba mais sobre os benefícios ambientais, de saúde e éticos da redução do consumo de carne e compartilhe essas informações com as pessoas ao seu redor para aumentar a conscientização coletiva.

Cada pequeno passo conta. Ao reduzir gradualmente o consumo de carne e produtos de origem animal, você ajuda a reduzir sua pegada ambiental, melhorar sua saúde e promover o bem-estar animal. Sinta-se livre para ir no seu próprio ritmo e encontrar a abordagem que melhor se adapta ao seu estilo de vida.

PARTE 2: ECONOMIA DE ENERGIA

Ao adotar práticas de economia de energia, estamos ajudando a reduzir nossa pegada ambiental, conservar os recursos naturais e combater as mudanças climáticas. Esta segunda parte do livro explora as diferentes formas de economizar energia no nosso dia a dia, tanto em casa quanto no trabalho, e incentiva a adoção do consumo responsável de energia.

Otimize o isolamento da sua casa

Otimizar o isolamento da sua casa é essencial para reduzir o consumo de energia, melhorar o conforto térmico e contribuir para a preservação do meio ambiente. Aqui estão algumas dicas práticas para conseguir isso:

Avalie o isolamento existente:

Faça uma avaliação de isolamento da sua casa para identificar áreas que precisam de melhorias.

Procure sinais de vazamento de ar, como correntes de ar, rachaduras ou frestas entre janelas e paredes.

Reforce o isolamento da parede:

Se as suas paredes ainda não estão isoladas, considere instalar isolamento por fora ou por dentro.

Use materiais de isolamento como lã de rocha, lã de vidro ou painéis de poliestireno extrudados para melhorar a eficiência energética da sua casa.

Isole sótãos e telhados:

Sótãos e telhados são áreas onde uma grande quantidade de calor pode ser perdida. Certifique-se de que estão devidamente isolados.

Use materiais isolantes adequados para o sótão, como lã mineral, lã de celulose ou placas de isolamento.

Verifique janelas e portas:

Certifique-se de que suas janelas e portas estejam bem fechadas e não deixe entrar ar frio.

Se suas janelas são antigas e de baixo desempenho, considere substituí-las por modelos de vidros duplos com molduras isolantes.

Instale cortinas, persianas ou persianas isoladas:

Cortinas grossas, persianas ou persianas isoladas podem ajudar a reduzir a perda de calor durante a noite ou quando você não estiver usando certos quartos.

Tampa de vazamentos de ar:

Use tiras de vedação ou selante para vedar rachaduras e frestas ao redor de janelas, portas e dutos de ar.

Instale flanges de porta ou vedações adesivas para evitar que correntes de ar entrem sob as portas.

Considere o isolamento acústico:

Aproveite o isolamento aprimorado para considerar materiais de isolamento que também podem reduzir o ruído do exterior ou de outros ambientes.

Convoque profissionais:

Se você não tem certeza de como otimizar o isolamento de sua casa, consulte profissionais de construção ou especialistas em eficiência energética para obter aconselhamento personalizado.

Ao otimizar o isolamento da sua casa, você reduz a perda de calor, melhora o conforto térmico e reduz o consumo de energia para aquecimento e resfriamento. Isso ajuda a reduzir sua pegada ambiental e obter economias de energia significativas a longo prazo.

Use aparelhos energeticamente eficientes

Usar aparelhos energeticamente eficientes é uma maneira eficaz de reduzir o consumo de eletricidade e contribuir para a preservação do meio ambiente. Veja algumas dicas práticas para usar seus eletrodomésticos de forma eco-responsável:

Escolha aparelhos energeticamente eficientes:

Ao comprar um novo eletrodoméstico, procure aqueles que possuem o Selo de Desempenho Energético, como o Rótulo Energético Europeu.

Escolha os aparelhos de classe energética A++ ou A+++ mais eficientes.

Reduza o consumo de energia na cozinha:

Use um forno de torradeira ou forno de convecção em vez de um forno tradicional para cozinhar pequeno.

Use tampas nas panelas ao cozinhar para conservar o calor e reduzir o tempo de cozimento.

Escolha uma chaleira elétrica para aquecer a água em vez de uma panela no fogão.

Use sua geladeira e freezer de forma eficiente :

Certifique-se de que a porta do seu frigorífico ou congelador está bem fechada e fechada corretamente.

Evite abrir a porta com frequência e deixá-la aberta desnecessariamente.

Coloque o seu frigorífico ou congelador longe de fontes de calor e certifique-se de que está devidamente ventilado.

Otimize o uso de sua máquina de lavar e secar roupa:

Use a carga máxima recomendada pelo fabricante ao usar sua máquina de lavar.

Escolha ciclos de lavagem de baixa temperatura para economizar energia.

Use uma secadora de roupas ou pendure sua roupa ao ar livre em vez de sempre usar a secadora.

Poupe energia com a sua máquina de lavar louça :

Utilize o modo ecológico ou económico da sua máquina de lavar louça para reduzir o consumo de água e energia.

Carregue completamente a máquina de lavar louça antes de a executar.

Evite pré-enxaguar os pratos em água corrente antes de colocá-los na máquina de lavar louça.

Coloque seus dispositivos eletrônicos para dormir:

Evite deixar seus dispositivos eletrônicos em modo de espera. Desligue-os completamente quando não estiverem em uso.

Use tiras de energia com interruptores para desligar completamente a energia dos dispositivos quando não estiverem em uso.

Ajuste a temperatura do seu aquecimento e ar condicionado:

Reduza ligeiramente a temperatura do seu aquecimento no inverno e aumente-a ligeiramente no verão para economizar energia.

Use termostatos programáveis para ajustar automaticamente a temperatura de acordo com suas necessidades.

Faça a manutenção regular dos seus dispositivos:

Limpe os filtros do seu aparelho, como o filtro do secador, regularmente para manter a sua eficácia.

Certifique-se de que os aparelhos estão bem conservados para evitar o consumo excessivo de energia devido a avarias.

Seguindo essas dicas, você pode reduzir significativamente seu consumo de energia relacionado a eletrodomésticos, preservando o meio ambiente. Esteja atento ao seu uso e adote práticas de eficiência energética diariamente.

Mudar para iluminação LED

Mudar para a iluminação LED é uma das maneiras mais eficazes de reduzir o consumo de energia relacionado à iluminação e promover um uso mais sustentável da eletricidade. Aqui estão algumas dicas para mudar para iluminação LED:

Entendendo os benefícios das lâmpadas LED:

As lâmpadas LED são muito mais eficientes em termos energéticos do que as lâmpadas tradicionais, poupando dinheiro na sua conta de eletricidade.

Eles têm uma vida útil muito mais longa, o que significa menos substituições frequentes de lâmpadas.

As lâmpadas LED são mais ecológicas porque não contêm substâncias tóxicas como o mercúrio que são encontradas em algumas lâmpadas tradicionais.

Avalie suas necessidades de iluminação:

Faça um inventário de todas as lâmpadas da sua casa para determinar quais precisam ser substituídas por lâmpadas LED.

Identifique os cômodos mais utilizados onde a iluminação eficiente é essencial, como a cozinha, sala ou escritório.

Escolha as lâmpadas LED certas:

Opte por lâmpadas LED de qualidade, com temperatura de cor e intensidade luminosa adaptadas a cada ambiente.

Verifique a equivalência de luz com lâmpadas tradicionais. As etiquetas das lâmpadas LED geralmente indicam a potência equivalente para ajudá-lo a fazer a escolha certa.

Substitua gradualmente as lâmpadas:

Você pode substituir gradualmente as lâmpadas existentes por lâmpadas LED à medida que elas chegam ao fim de sua vida útil.

Comece com as peças usadas com mais frequência para maximizar a economia de energia o mais rápido possível.

Instale lâmpadas LED DIMMABLE:

Se você usa dimmers, certifique-se de comprar lâmpadas LED que são compatíveis com esse recurso.

Recicle corretamente as lâmpadas usadas:

As lâmpadas LED não contêm mercúrio, mas podem ser recicladas para recuperar os materiais valiosos que contêm. Verifique os pontos de coleta apropriados em sua área.

Conscientize as pessoas ao seu redor:

Compartilhe os benefícios das lâmpadas LED com seus entes queridos e incentive-os a mudar para a iluminação LED, bem como para reduzir seu consumo de energia.

Mudar para a iluminação LED é uma medida simples, mas poderosa, para reduzir o seu consumo de energia e contribuir para a transição para um uso mais sustentável da eletricidade. Aproveite os muitos benefícios das lâmpadas LED e faça desta mudança um passo em direção a uma casa mais eficiente em termos energéticos.

Reduza o consumo de água quente

Reduzir o consumo de água quente em sua casa é uma maneira eficaz de reduzir sua pegada ambiental e economizar energia. Aqui estão algumas dicas para conseguir isso:

Use economizadores de água:

Instale arejadores de baixo fluxo nas torneiras para reduzir a quantidade de água usada sem comprometer a pressão.

Use chuveiros de baixo fluxo para reduzir o consumo de água durante os chuveiros.

Isole seus canos de água quente:

Isolantes tubulações de água quente minimizam a perda de calor durante o transporte de água do aquecedor de água para os pontos de uso. Isso reduz o tempo necessário para obter água quente e, portanto, a quantidade de água desperdiçada.

Reparação de fugas de água:

Verifique torneiras, tubos e conexões regularmente para detectar e reparar vazamentos de água quente. Vazamentos podem levar ao desperdício de água preciosa e aumentar o consumo de energia.

Tome banhos mais curtos:

Limite a duração dos seus chuveiros para reduzir a quantidade de água quente utilizada. Tente reduzir o tempo no chuveiro adotando gestos rápidos e eficazes.

Use água quente somente quando necessário :

Evite usar água quente para tarefas que podem ser feitas com água fria, como lavar as mãos, escovar os dentes ou enxaguar a louça.

Ajuste a temperatura do aquecedor de água:

Verifique a temperatura do seu aquecedor de água. Reduzir a temperatura para 50-55°C geralmente é suficiente para atender às suas necessidades enquanto economiza energia.

Use aparelhos eficientes em termos de água:

Escolha máquinas de lavar louça e máquinas de lavar roupa eficientes em termos de água que utilizem menos água para realizar as suas tarefas.

Coletar água da chuva:

Instale um sistema de captação de água da chuva para usar essa água não potável em tarefas domésticas que não exigem água quente, como regar plantas ou lavar solos.

Planeje o uso de água quente:

Organize suas tarefas de água quente uma após a outra para maximizar o uso de água já aquecida.

Eduque sua família:

Eduque seus familiares sobre a importância de reduzir o consumo de água quente e incentive-os a adotar hábitos eficientes em termos de água.

Ao aplicar essas dicas, você pode efetivamente reduzir seu consumo de água quente, economizar energia e ajudar a conservar os recursos hídricos. Cada pedacinho conta para um futuro sustentável.

Evitando o desperdício de energia

Para evitar o desperdício de energia, é essencial adotar hábitos conscientes e tomar medidas para otimizar o uso de energia. Aqui estão algumas dicas para conseguir isso:

Desligue os eletrônicos em modo de espera:

Os dispositivos em modo de espera ainda consomem energia. Desligue completamente os dispositivos quando não estiverem em uso ou use tiras de energia com interruptores para desligá-los facilmente.

Use a iluminação de forma eficiente:

Desligue as luzes em salas vazias e aproveite a luz natural o máximo possível.

Substitua as lâmpadas tradicionais por lâmpadas LED energeticamente eficientes.

Ajuste à temperatura :

Ajuste o aquecimento para uma temperatura confortável, mas evite temperaturas excessivas. Diminua a temperatura quando estiver fora de casa.

Use termostatos programáveis para ajustar automaticamente a temperatura de acordo com sua vida útil.

Ilhas sua casa :

Certifique-se de que sua casa está devidamente isolada para evitar a perda de calor no inverno e o ganho de calor no verão. Isolantes de paredes, sótãos e janelas podem reduzir o seu consumo de energia.

Use aparelhos energeticamente eficientes:

Escolha aparelhos com uma classe de energia mais elevada (A++ ou A+++) que sejam mais eficientes e consumam menos energia.

Evite sobrecarregar aparelhos como geladeiras, máquinas de lavar ou lava-louças, pois isso pode levar ao consumo excessivo de energia.

Economize água :

Repare vazamentos de água, pois gotas de vazamento podem levar a um desperdício de água e energia.

Use economizadores de água em torneiras e chuveiros para reduzir o consumo de água.

Opte pelo transporte sustentável:

Escolha transporte público, carona compartilhada ou modos suaves de viagem, como caminhar ou andar de bicicleta, para reduzir o consumo de combustível e as emissões de gases de efeito estufa.

Educar e educar os outros:

Compartilhe seu conhecimento sobre conservação de energia com as pessoas ao seu redor e incentive-as a adotar práticas de eficiência energética.

Acompanhe seu uso de energia:

Monitore seu consumo de energia usando ferramentas de rastreamento ou medidores inteligentes. Isso permitirá que você entenda melhor seus hábitos de consumo e faça ajustes, se necessário.

Ao adotar essas medidas e estar atento ao seu consumo de energia, você pode evitar o desperdício e contribuir para um estilo de vida mais sustentável. Cada ação conta para preservar nosso planeta e construir um futuro eco-responsável.

PARTE 3: MOBILIDADE SUSTENTÁVEL

A Parte 3 do livro explora soluções e práticas de mobilidade sustentável para reduzir as emissões de gases de efeito estufa, melhorar a qualidade do ar e promover modos de transporte ecologicamente corretos. Ao adotar uma abordagem sustentável para a mobilidade, podemos ajudar a construir um futuro mais limpo e mais respeitoso com o nosso planeta.

Promoção do transporte público

Os transportes públicos desempenham um papel essencial na promoção da mobilidade sustentável. Eles reduzem o congestionamento do tráfego, reduzem as emissões de gases de efeito estufa e oferecem uma alternativa prática e econômica ao carro particular. Veja algumas dicas para o transporte público:

Conheça as opções de transporte público disponíveis:

Informe-se sobre os diferentes modos de transporte público disponíveis em sua área, como ônibus, bondes, metrôs, trens regionais, etc.

Familiarize-se com horários, tarifas e rotas de transporte público para planejar melhor suas viagens.

Use o transporte público para o seu deslocamento diário:

Opte pelo transporte público quando possível para seus deslocamentos diários, viagens urbanas ou passeios de lazer.

Planeje sua rota com antecedência usando aplicativos de transporte público ou sites para otimizar sua viagem.

Incentivar iniciativas de trânsito local :

Apoie projetos de expansão ou melhoria do trânsito em sua área participando de consultas públicas ou expressando apoio.

Participe de programas de carona compartilhada ou compartilhamento de carros que complementam as ofertas de transporte público existentes.

Aproveite os benefícios do transporte público :

Economize em custos de estacionamento, gás e manutenção de veículos usando o transporte público.

Use o tempo de viagem no transporte público de forma produtiva, lendo, trabalhando ou relaxando.

Promover o transporte público:

Aumente a conscientização sobre os benefícios do transporte público, compartilhando sua experiência positiva e destacando os aspectos econômicos, ambientais e sociais de usá-lo.

Incentive amigos, familiares e colegas a aderirem ao transporte público, mostrando-lhes rotas, horários e tarifas.

Seja um usuário responsável do trânsito:

Respeitar as regras de conduta e cortesia a bordo dos veículos e nas estações.

Planeje suas viagens levando em conta horários e multidões para evitar períodos de pico, se possível.

Contribuir para a melhoria do transporte público:

Compartilhe suas sugestões de melhoria com o operador de transporte público para ajudar a otimizar os serviços.

Participe de pesquisas ou enquetes para expressar suas necessidades e expectativas em relação ao transporte público.

Promover os transportes públicos é uma forma concreta de reduzir o nosso impacto no ambiente e contribuir para uma mobilidade mais sustentável. Ao utilizar o transporte público, promovemos uma cidade mais fluida, menos poluída e mais acessível para todos.

Opte pela carona solidária e compartilhamento de veículos

A carona solidária e o compartilhamento de veículos são alternativas interessantes ao carro particular que reduzem o congestionamento do tráfego, as emissões de gases de efeito estufa e os custos de possuir um veículo. Aqui estão algumas dicas para carona solidária e compartilhamento de carros:

Junte-se às plataformas de carona:

Inscreva-se em plataformas online de compartilhamento de caronas para encontrar parceiros de compartilhamento de caronas que fazem passeios semelhantes aos seus.

Verifique os anúncios regularmente e ofereça suas próprias viagens para maximizar as oportunidades de carona.

Organize um sistema de carona solidária em sua comunidade:

Configure um sistema de carona solidária dentro da sua empresa, bairro ou grupo de amigos, incentivando as pessoas a compartilharem seus passeios regulares.

Crie um calendário ou aplicativo para ajudar a coordenar e organizar caronas.

Use serviços de compartilhamento de carros:

Explore serviços de compartilhamento de carros, como carros de autoatendimento, compartilhamento de bicicletas ou patinetes elétricos compartilhados em sua cidade.

Familiarize-se com os termos de uso e tarifas dos serviços de compartilhamento de carros para escolher o que melhor se adapta às suas necessidades.

Compartilhe um veículo com outras pessoas:

Se você tem vizinhos, amigos ou familiares que estão fazendo viagens semelhantes, considere compartilhar um veículo com eles.

Estabeleça um acordo claro sobre acordos de compartilhamento, como horários, custos de gás e manutenção, e garanta uma comunicação aberta para resolver quaisquer problemas que possam surgir.

Promova a carona solidária e o compartilhamento de carros:

Eduque as pessoas ao seu redor sobre os benefícios da carona compartilhada e do compartilhamento de carros, compartilhando sua experiência positiva e incentivando outras pessoas a aderirem a essas práticas.

Participe de eventos ou campanhas de carona compartilhada e carona compartilhada em sua comunidade.

Seja um motorista ou passageiro responsável

_:_

Siga as regras de segurança rodoviária e dirija com responsabilidade ao usar carona ou compartilhar um veículo com outras pessoas.

Estabeleça uma comunicação clara com seus caronas compartilhadas ou parceiros de compartilhamento de carros para coordenar horários e expectativas mútuas.

Avalie a economia :

Considere a economia de custos de carona compartilhada ou compartilhamento de carros, incluindo combustível, manutenção, estacionamento e seguro de carro.

A carona solidária e o compartilhamento de carros oferecem uma solução prática e econômica para reduzir a pegada ecológica associada ao carro particular. Ao promover estas práticas, podemos otimizar a utilização dos veículos, reduzir o tráfego rodoviário e contribuir para uma mobilidade mais sustentável.

Prefira viajar de bicicleta ou a pé

Andar de bicicleta e caminhar são alternativas sustentáveis e promotoras de saúde que reduzem as emissões de gases de efeito estufa, o congestionamento do trânsito e promovem um estilo de vida ativo. Veja algumas dicas para andar de bicicleta ou caminhar:

Planejar rotas adequadas para ciclistas e pedestres:

Informe-se sobre ciclovias, vias verdes e trilhas para caminhadas disponíveis em sua área.

Use aplicativos ou mapas específicos para encontrar as rotas que melhor se adaptam às suas necessidades e preferências.

Invista em uma bicicleta de qualidade:

Escolha uma bicicleta adequada para o seu uso (cidade, montanha, estrada, etc.) e certifique-se de que está em boas condições de funcionamento.

Equipe sua bicicleta com recursos de segurança, como luzes dianteiras e traseiras, refletores e um sino.

Adote equipamentos de segurança:

Use um capacete de bicicleta para se proteger em caso de acidente.

Use roupas e acessórios refletivos para ficar visível, especialmente à noite ou com mau tempo.

Forneça soluções de armazenamento para sua bicicleta :

Instale um suporte para bicicletas no seu veículo se precisar de combinar viagens de bicicleta e de carro.

Procure opções de estacionamento seguro para sua bicicleta, seja em casa, no trabalho ou em locais públicos.

Andar a pé ou de bicicleta para viagens curtas:

Incentive a caminhada ou de bicicleta para viagens curtas e evite usar seu carro sistematicamente.

Caminhe para viagens locais, como fazer compras, visitar amigos ou, quando possível, chegar ao trabalho.

Incentivar a criação de infraestruturas adequadas :

Junte-se a associações locais ou grupos de defesa de ciclistas e pedestres para promover a criação de ciclovias seguras e infraestrutura adaptada.

Participar em eventos de ciclismo ou iniciativas para promover a caminhada:

Participe de eventos ou caminhadas de ciclismo para aumentar a conscientização sobre a importância dos modos ativos de viagem e incentivar seu uso.

Incorpore a atividade física à sua rotina diária:

Aproveite suas caminhadas ou bicicletas para se exercitar e melhorar seu condicionamento físico.

Tente caminhar ou andar de bicicleta regularmente para substituir viagens de carro ou transporte público.

Ao andar de bicicleta ou a pé, você ajuda a reduzir as emissões de gases de efeito estufa, melhorar sua saúde e promover uma mobilidade mais sustentável. Seja para o seu deslocamento diário, passeios de lazer ou curtas distâncias, caminhar ou andar de bicicleta pode ser uma solução ecológica, econômica e benéfica para você e para o meio ambiente.

Escolher veículos com baixas emissões

A escolha de veículos com baixas emissões é uma forma eficaz de reduzir o impacto ambiental da mobilidade. Esses veículos usam tecnologias mais limpas e emitem menos gases de efeito estufa do que os veículos tradicionais. Veja algumas dicas para escolher veículos de baixa emissão:

Avalie as diferentes opções para veículos com baixas emissões:

Conheça as diferentes tecnologias disponíveis, como veículos elétricos (EVs), veículos híbridos, veículos a hidrogênio, veículos a gás natural comprimido (GNV), etc.

Compare os prós e contras de cada tecnologia com base em suas necessidades específicas, como alcance, infraestrutura de carregamento, custo e muito mais.

Considere comprar um veículo elétrico (EV):

Os veículos elétricos são movidos a eletricidade, tornando-os completamente livres de emissões na estrada.

Avalie a autonomia do veículo, as opções de carregamento disponíveis na sua área e os incentivos financeiros disponíveis para a compra de um EV.

Explore as opções híbridas:

Os veículos híbridos combinam um motor de combustão interna com um motor elétrico, reduzindo as emissões e o consumo de combustível.

Pesquise modelos híbridos disponíveis no mercado e compare seu desempenho, eficiência energética e benefícios ambientais.

Considere outras alternativas de baixa emissão :

Os veículos a hidrogênio usam hidrogênio como fonte de energia, produzindo apenas água como emissão.

Os veículos movidos a gás natural comprimido (GNC) emitem menos poluentes atmosféricos do que os veículos a gasolina ou diesel.

Avaliar a infraestrutura de carregamento ou reabastecimento:

Verifique a disponibilidade de postos de carregamento para veículos elétricos ou postos de abastecimento para veículos a gás ou hidrogénio na sua área.

Considere a facilidade de acesso a essas instalações ao escolher um veículo de baixa emissão.

Analise os custos associados:

Compare os custos de compra, manutenção e operação de veículos de baixa emissão versus veículos convencionais.

Considere as potenciais economias de combustível, incentivos financeiros e custos de manutenção reduzidos de veículos com baixas emissões.

Considere necessidades específicas de mobilidade:

Avalie suas necessidades em termos de autonomia, capacidade de transporte, tipos de viagens e uso do veículo para escolher a solução de baixa emissão mais adequada.

Pense em alugar ou compartilhar veículos de baixa emissão:

Se a compra de um veículo de baixa emissão não se adequar às suas necessidades ou orçamento, considere alugar ou compartilhar veículos de baixa emissão para colher seus benefícios sem incorrer nos altos custos iniciais.

Ao escolher veículos com baixas emissões, ajuda a reduzir as emissões de gases com efeito de estufa e a promover uma mobilidade mais amiga do ambiente. Certifique-se de avaliar cuidadosamente as diferentes opções e tecnologias disponíveis para escolher a que melhor se adapta às suas necessidades e valores de sustentabilidade.

Limitar as viagens aéreas

As viagens aéreas contribuem significativamente para as emissões de gases de efeito estufa e a pegada de carbono individual. Reduzir a frequência das viagens aéreas é uma forma

concreta de limitar o nosso impacto no ambiente.
Aqui estão algumas dicas para conseguir isso:

Promover alternativas locais:

Explore destinos locais ou regionais que podem ser alcançados por outros meios de transporte, como trem, ônibus ou carro.

Descubra as maravilhas da sua própria região e apoie a economia local promovendo escapadelas perto de casa.

Planeje férias de longo prazo:

Em vez de fazer várias viagens curtas, considere planejar férias mais longas e menos frequentes.

Opte por destinos distantes que você pode explorar mais profundamente, minimizando o número total de viagens.

Compensação das emissões de carbono:

Se você absolutamente precisa viajar de avião, você pode considerar compensar suas emissões de carbono investindo em projetos de redução de emissões ou plantando árvores.

Muitas organizações oferecem opções de compensação de carbono, descubra quais estão disponíveis em sua área.

Foco em reuniões virtuais:

Para reuniões de negócios ou reuniões familiares, opte por videoconferência ou soluções de comunicação on-line em vez de viajar fisicamente.

Use ferramentas digitais para se manter conectado com seus entes queridos, mesmo que eles estejam a distâncias geográficas.

Incentivo ao turismo responsável:

Ao viajar, escolha opções de turismo responsável que respeitem o meio ambiente e a cultura local.

Foco em acomodações ecológicas, atividades sustentáveis e iniciativas que apoiem as comunidades locais.

Educar outras pessoas sobre os impactos ambientais das viagens aéreas:

Compartilhar informações sobre as emissões de carbono relacionadas às viagens aéreas e discutir alternativas e ações para reduzir esses impactos.

Incentive as pessoas ao seu redor a considerar opções de viagem mais sustentáveis e repensar seus hábitos de viagem.

Pense nos benefícios das viagens locais e locais:

Explore as joias escondidas de sua própria região e país, concentrando-se em viagens locais e locais.

Você descobrirá novas culturas, paisagens e experiências sem ter que voar.

Ao limitar as viagens aéreas, podemos reduzir significativamente nossa pegada de carbono individual e contribuir para a preservação do meio ambiente. Repensar a forma como viajamos e privilegiar alternativas mais sustentáveis permite-nos desfrutar das maravilhas do mundo respeitando o nosso planeta.

PARTE 4: CONSUMO RESPONSÁVEL

A parte 4 do livro explora os princípios e práticas do consumo responsável. Ao repensar nossos hábitos de consumo, priorizar escolhas éticas e sustentáveis e reduzir nosso impacto no meio ambiente, podemos ajudar a criar um mundo mais equilibrado e amigável aos recursos.

Reduzir o uso de plástico

O uso excessivo de plástico tem um impacto significativo no meio ambiente, especialmente devido à sua lenta degradação e acúmulo nos ecossistemas. Reduzir o uso de plástico é, portanto, crucial para preservar nosso planeta.

Aqui estão algumas dicas para conseguir isso:

Evite sacolas plásticas:

Use sacolas de pano reutilizáveis ao fazer compras em vez de sacolas plásticas descartáveis.

Guarde sempre algumas sacolas reutilizáveis em sua bolsa, carro ou mochila para usos não intencionais.

Escolha garrafas e recipientes reutilizáveis:

Use garrafas de água de aço inoxidável ou vidro reutilizáveis em vez de garrafas plásticas descartáveis.

Carregue seus próprios recipientes reutilizáveis para bebidas quentes, refeições para viagem, produtos a granel, etc.

Evite embalagens plásticas:

Escolha produtos com menos embalagens plásticas. Opte por opções a granel ou produtos com embalagens recicláveis.

Escolha alternativas sustentáveis, como embalagens de papel, papelão ou vidro.

Use produtos de higiene pessoal sem plástico:

Opte por escovas de dentes de bambu, cotonetes de bambu ou papel, sabonetes sólidos e xampus sólidos sem embalagem plástica.

Procure alternativas ecológicas para produtos de beleza e cuidados pessoais, como barras desodorantes ou pastas de dentes sólidas.

Evite canudos de plástico:

Recuse canudos de plástico ao fazer compras ou traga seu próprio canudo reutilizável de aço inoxidável ou bambu.

Se precisar, opte por canudos feitos de papel ou materiais biodegradáveis.

Reduza o uso de filmes plásticos:

Use recipientes reutilizáveis ou embalagens de
cera de abelha para preservar os alimentos em vez
de usar filme plástico.

Escolha recipientes de vidro com tampas
herméticas para armazenamento de alimentos.

_Eduque outras pessoas sobre a redução do
plástico:_

Compartilhe informações sobre problemas
relacionados ao plástico com a família, amigos e
comunidade.

Incentivar outras pessoas a adotarem alternativas
sustentáveis e oferecer soluções práticas para
reduzir o uso de plástico.

Envolva-se em iniciativas de limpeza:

Participe de iniciativas de limpeza de praias, rios ou parques para ajudar a remover resíduos plásticos do meio ambiente.

Ajude a aumentar a conscientização compartilhando suas experiências e incentivando outras pessoas a se juntarem a essas iniciativas.

Ao reduzir o uso de plástico, podemos ajudar a preservar os ecossistemas, reduzir a poluição e promover um estilo de vida mais sustentável. Cada ação conta na luta contra a poluição plástica e, adotando alternativas sustentáveis, podemos fazer a diferença.

Prefira produtos sem embalagem ou com embalagens recicláveis

O excesso de embalagens de produtos é uma das principais fontes de resíduos e poluição. Privilegiar produtos sem embalagem ou com embalagens recicláveis é uma forma eficaz de reduzir a nossa pegada ecológica. Aqui estão algumas dicas para conseguir isso:

Compre a granel:

Opte por alimentos, produtos de limpeza e outros produtos de consumo vendidos a granel.

Traga seus próprios recipientes reutilizáveis, como sacos de pano, frascos de vidro ou caixas herméticas, para encher produtos a granel.

Prefira mercados locais e produtores locais:

Compre diretamente de agricultores e produtores locais que muitas vezes oferecem produtos sem embalagem ou com embalagem mínima.

Favoreça os mercados locais, onde você pode encontrar produtos frescos e sazonais, muitas vezes vendidos sem embalagem excessiva.

Escolha alternativas sustentáveis:

Escolha produtos que ofereçam alternativas sustentáveis às embalagens plásticas, como produtos vendidos em embalagens recicláveis de vidro, metal ou papelão.

Procure marcas que privilegiem embalagens ecologicamente corretas, como embalagens compostáveis ou recicláveis.

Faça seus próprios produtos:

Evite embalar criando seus próprios produtos, como produtos de beleza, produtos de limpeza ou lanches caseiros.

Use recipientes reutilizáveis para armazenar suas criações caseiras.

Recusar embalagens desnecessárias:

Fique atento ao excesso de embalagens na hora das compras e escolha produtos com o mínimo de embalagem possível.

Escolha produtos vendidos a granel ou com embalagens simples e funcionais.

Procure por selos e certificações:

Procure produtos com rótulos e certificações que garantam embalagens ecológicas, recicláveis ou compostáveis.

Rótulos como "FSC" (manejo florestal responsável) ou "EMAS" (sistema de gestão ambiental) podem indicar práticas sustentáveis.

Conscientizar empresas e fabricantes:

Entre em contato com as empresas para manifestar sua preferência por produtos livres de embalagens ou recicláveis.

Apoiar iniciativas e petições para incentivar os fabricantes a adotarem embalagens mais sustentáveis.

Ao escolher produtos sem embalagem ou com embalagens recicláveis, reduzimos a quantidade de resíduos produzidos e promovemos uma economia circular. Juntos, podemos incentivar os fabricantes a repensar suas embalagens e adotar soluções mais ecológicas.

Use sacolas reutilizáveis

As sacolas plásticas descartáveis são uma das principais fontes de poluição e desperdício. Usar sacolas reutilizáveis é uma ótima maneira de reduzir nossa pegada ambiental e ajudar a proteger o meio ambiente. Veja algumas dicas para adotar o uso de sacolas reutilizáveis:

Invista em sacolas reutilizáveis:

Compre sacos de tecido resistentes e duráveis projetados especificamente para compras.

Opte por sacolas reutilizáveis de diferentes tamanhos para atender às suas diferentes necessidades.

Tenha sempre sacolas reutilizáveis à mão:

Mantenha algumas sacolas reutilizáveis em seu carro, bolsa ou mochila para que você esteja pronto para usá-las sempre que precisar.

Guarde as sacolas em um local de fácil acesso em sua casa, para que você não as esqueça quando for às compras.

Use sacos de malha para frutas e legumes:

Use sacos de malha reutilizáveis para embalar suas frutas e legumes em vez de usar sacos plásticos descartáveis.

Os sacos de malha facilitam a pesagem dos produtos no checkout.

Incentivar os comerciantes a reduzir o uso de sacolas plásticas:

Pergunte aos comerciantes locais se eles oferecem sacolas reutilizáveis ou se podem reduzir o uso de sacolas plásticas.

Incentive-os a oferecer incentivos, como descontos ou programas de fidelidade, aos clientes que trouxerem suas próprias sacolas reutilizáveis.

Educar crianças e familiares:

Conscientize seus familiares, principalmente as crianças, sobre a importância do uso de sacolas reutilizáveis.

Dê o exemplo usando regularmente suas próprias sacolas reutilizáveis durante as compras em família.

Use sacolas reutilizáveis para outras ocasiões:

Use sacolas reutilizáveis para outras atividades, como piqueniques, idas à praia ou deslocamentos.

Sacolas reutilizáveis podem ser usadas como sacolas de compras, sacolas esportivas ou sacolas para transportar vários itens.

Participe de iniciativas de sacolas reutilizáveis:

Junte-se a iniciativas locais ou movimentos de conscientização que promovam o uso de sacolas reutilizáveis.

Participe de eventos gratuitos de distribuição de sacolas reutilizáveis ou organize workshops para fazer sacolas reutilizáveis.

Ao utilizar sacolas reutilizáveis, reduzimos significativamente o consumo de sacolas plásticas descartáveis e contribuímos para a redução de resíduos plásticos no meio ambiente. É um gesto simples, mas que tem um impacto significativo na preservação do nosso planeta.

Recicle corretamente

A reciclagem é uma forma essencial de reduzir o desperdício e conservar os recursos naturais. No entanto, é importante reciclar adequadamente para maximizar seu impacto. Veja algumas dicas para reciclar corretamente:

Entenda as diretrizes de reciclagem:

Familiarize-se com as diretrizes de reciclagem específicas para sua área. Cada local pode ter regras diferentes quando se trata de materiais recicláveis e métodos de coleta.

Classifique corretamente *os materiais recicláveis:*

Separe materiais recicláveis como papel, papelão, plástico, vidro e metal em lixeiras dedicadas.

Certifique-se de classificar os diferentes tipos de materiais corretamente e evitar contaminação (por exemplo, remova as tampas plásticas das garrafas antes de reciclar).

Preparar materiais recicláveis:

Enxágue recipientes de plástico, vidro ou metal para remover resíduos alimentares antes de reciclar.

Achate caixas de papelão e dobre papéis para economizar espaço na lixeira.

Evite contaminantes:

Não coloque resíduos não recicláveis em lixeiras. Isso inclui sacolas plásticas, embalagens de alimentos sujas, lenços de papel, fraldas descartáveis, etc.

Verifique as diretrizes de reciclagem para descobrir quais materiais não podem ser reciclados em sua área.

Recicle eletrônicos e baterias:

Procure pontos de coleta específicos para reciclar corretamente eletrônicos, como celulares, computadores e pilhas e baterias usadas.

Não jogue eletrônicos ou baterias em lixeiras de reciclagem padrão, pois muitas vezes exigem um processo de reciclagem especializado.

Reduzir e reutilizar antes de reciclar:

Antes de reciclar, lembre-se de reduzir ao máximo o consumo e reutilizar os produtos.

Escolha produtos sustentáveis e alternativas reutilizáveis para minimizar a quantidade de resíduos gerados.

Eduque outras pessoas sobre reciclagem:

Compartilhe informações sobre boas práticas de reciclagem com familiares, amigos e colegas.

Organize sessões de informação ou eventos para educar outras pessoas sobre a importância da reciclagem e erros comuns a evitar.

Apoiar iniciativas locais de reciclagem:

Procure programas de reciclagem de calçadas, pontos de coleta específicos e iniciativas de reciclagem em sua comunidade.

Apoiar empresas e organizações que se engajam em práticas responsáveis de reciclagem.

Reciclá-lo adequadamente pode ajudar a reduzir a quantidade de resíduos enviados para aterros e promover uma economia circular mais sustentável. Cada ato de reciclagem conta e nos permite preservar os recursos naturais para as gerações futuras.

Opte por produtos ecológicos de higiene e beleza

Os produtos tradicionais de higiene e beleza podem muitas vezes conter ingredientes prejudiciais ao meio ambiente e à nossa saúde. Optar por produtos de higiene e beleza ecologicamente corretos é uma forma de nos cuidarmos preservando o planeta. Veja algumas dicas para escolher produtos de higiene e beleza ecologicamente corretos:

Leia atentamente os rótulos:

Familiarize-se com ingredientes a evitar, como sulfatos, parabenos, ftalatos, silicones e microesferas de plástico.

Procure produtos com ingredientes naturais, orgânicos e de comércio justo.

Opte por embalagens ecológicas:

Procure produtos que utilizem embalagens recicláveis, compostáveis ou reutilizáveis.

Evite embalagens excessivas ou embalagens plásticas não recicláveis.

Favoreça produtos cruelty-free:

Procure produtos certificados como cruelty-free, como aqueles rotulados como "cruelty-free" ou "Leaping Bunny".

Evite produtos que contenham ingredientes derivados de animais ou testados em animais.

Use produtos sólidos:

Opte por shampoos sólidos, condicionadores, sabonetes e desodorantes.

Os produtos sólidos exigem menos embalagens, produzem menos resíduos e, muitas vezes, são mais concentrados, tornando-os mais duráveis.

Faça seus próprios produtos:

Explore receitas para fazer seus próprios produtos de higiene e beleza a partir de ingredientes naturais e simples.

Muitos ingredientes comuns, como bicarbonato de sódio, vinagre, óleo de coco e óleos essenciais podem ser usados na fabricação de produtos caseiros.

Escolha alternativas ecológicas para produtos descartáveis:

Substitua lenços desmaquilantes descartáveis por toalhetes de pano reutilizáveis.

Use almofadas demaquilantes laváveis em vez de algodão descartável.

Foco em marcas ecológicas e responsáveis:

Procure marcas comprometidas com práticas sustentáveis, que utilizem ingredientes naturais e respeitem o meio ambiente.

Conheça as certificações ecológicas, como "Cosmos Organic" ou "Ecocert", para garantir a qualidade ecológica dos produtos.

Reduza o consumo geral do produto:

Compre apenas os produtos que você realmente precisa e evite desperdícios.

Mantenha-o simples e minimalista usando produtos multifuncionais.

Ao optar por produtos de higiene e beleza ecologicamente corretos, cuidamos do nosso corpo, minimizando nosso impacto no meio ambiente. Cada pequena escolha conta e ajuda a preservar o planeta para as gerações futuras.

PARTE 5: CONSCIENTIZAÇÃO E ENGAJAMENTO

A Parte 5 do livro se concentra na conscientização e no compromisso com a eco-responsabilidade. Ao educar os outros, engajar-se individual e coletivamente, influenciar políticas e negócios e compartilhar nossa jornada, podemos inspirar e motivar outros a adotar práticas mais sustentáveis. Juntos, podemos criar um movimento positivo em direção a um futuro mais verde e ético.

Informe e conscientize as pessoas ao seu redor

Para informar e conscientizar sobre a eco-responsabilidade, aqui vão algumas dicas práticas:

Eduque-se:

Antes de compartilhar informações, certifique-se de ter uma sólida compreensão das questões ambientais, práticas eco-responsáveis e soluções sustentáveis. Verifique com fontes confiáveis, leia livros, participe de conferências ou faça cursos on-line para aprofundar seus conhecimentos.

Escolha a hora e a configuração certas:

Encontre oportunidades para falar sobre isso com as pessoas ao seu redor, como discussões informais, reuniões familiares ou amizades. Concentre-se nos momentos em que as pessoas estão abertas a aprender e refletir.

Use uma abordagem positiva:

Evite discursos indutores de culpa ou moralizantes. Adote uma abordagem positiva e encorajadora, concentrando-se nos benefícios e oportunidades que a eco-responsabilidade pode trazer, seja para o meio ambiente, seja para a saúde, a economia ou a qualidade de vida.

Compartilhe fatos e números relevantes:

Apoie seu argumento com fatos, estatísticas e exemplos concretos. Compartilhar dados sobre as consequências de nossas ações sobre o meio ambiente, recursos esgotados, poluição gerada, mas também soluções e sucessos alcançados por meio de práticas eco-responsáveis.

Use histórias e experiências pessoais:

Compartilhe suas próprias experiências e histórias para ilustrar os benefícios e desafios da eco-responsabilidade. Fale sobre as mudanças que você fez em sua vida, os benefícios que você está obtendo com isso, os obstáculos que você superou e as lições que você aprendeu.

Proponha alternativas concretas:

Dê exemplos práticos de ações eco-responsáveis que todos podem adotar no dia a dia, como usar sacolas reutilizáveis, reduzir o desperdício de alimentos, economizar energia ou escolher produtos sustentáveis. Forneça dicas e recursos para ajudar a colocar essas ações em prática.

Ouça e respeite as opiniões:

Incentive perguntas, discussões e debates, e esteja aberto a diferentes perspectivas. Respeite as opiniões uns dos outros, mesmo que sejam diferentes das suas. O objetivo é engajar construtivamente e inspirar mudanças positivas, não forçar ideias.

Dê um exemplo:

Dê o exemplo adotando você mesmo um estilo de vida eco-responsável. Seja consistente em suas ações e integre os princípios de sustentabilidade ao seu dia a dia. As pessoas ao seu redor estarão mais inclinadas a segui-lo se você incorporar os valores que você defende.

Lembre-se que o processo de conscientização pode levar tempo e nem todos estão prontos para mudar seus hábitos da noite para o dia. Seja paciente, persistente e continue a compartilhar informações de forma positiva e inspiradora. Toda pessoa consciente conta e contribui para um futuro mais sustentável.

Engajar-se em ações locais ou associações ambientais

Para se envolver em ações locais ou associações ambientais, aqui estão alguns passos a seguir:

Identificar problemas ambientais locais:

Saiba mais sobre os desafios ambientais específicos em sua área. Isso pode incluir poluição do ar ou da água, gestão de resíduos, preservação de áreas naturais, proteção da biodiversidade, etc.

Procure associações ambientais locais:

Identifique associações, grupos de voluntários ou iniciativas comunitárias dedicadas a proteger o meio ambiente em sua área. Verifique sites locais, mídias sociais ou fóruns para obter informações.

Participe de reuniões ou eventos locais:

Participar de reuniões públicas, conferências ou eventos organizados por associações ambientais. Isso permitirá que você aprenda sobre questões locais, conheça pessoas que pensam como você e entenda como você pode se envolver.

Junte-se a uma associação ambiental:

Escolha uma associação que esteja alinhada com seus interesses e valores ambientais. Torne-se um membro e participe das atividades oferecidas, como limpeza de praias, dias de conscientização, projetos de reflorestamento ou campanhas de advocacy.

Ofereça suas habilidades e tempo:

Identifique as habilidades que você pode trazer para a associação ou iniciativa ambiental. Se você é bom em comunicação, planejamento de eventos, pesquisa ou educação, muitas vezes há oportunidades de contribuir com seus talentos.

Proponha ideias e projetos:

Compartilhe suas ideias para ações ou projetos ambientais locais. Ajude a planejar e implementar soluções concretas para os problemas ambientais da sua região.

Voluntário:

Ofereça-se como voluntário para participar em ações no terreno ou apoiar as atividades de sensibilização da associação ambiental. Isso pode envolver a limpeza de espaços naturais, ajudar na arrecadação de fundos, aumentar a conscientização da população, etc.

Envolva-se na advocacia:

Saiba mais sobre políticas e regulamentos ambientais em sua área. Participe de atividades de advocacy, como escrever cartas para formuladores de políticas, participar de consultas públicas ou aumentar a conscientização da mídia.

Colabore com outros grupos e organizações:

Parceria com outros grupos ambientais, agências governamentais, empresas locais ou instituições educacionais. Juntos, vocês podem ter um impacto maior nas questões ambientais.

Dê a conhecer o seu compromisso:

Compartilhe suas ações e compromisso ambiental com as pessoas ao seu redor, nas redes sociais ou em eventos locais. Inspire outras pessoas a se envolverem e agirem para proteger o meio ambiente.

Envolver-se em ações locais ou associações ambientais é uma ótima maneira de contribuir para a proteção do meio ambiente no nível de sua comunidade. Sua participação ativa pode fazer uma diferença significativa na preservação da natureza e na adoção de práticas mais sustentáveis.

Apoiar iniciativas sustentáveis e eco-responsáveis

Para apoiar iniciativas sustentáveis e eco-responsáveis, aqui estão algumas ações que você pode tomar:

Faça escolhas de consumo responsável:

Escolha produtos sustentáveis, éticos e ecologicamente corretos. Procure rótulos como "orgânico", "comércio justo" ou "ecológico certificado" para garantir que os produtos atendam a altos padrões de sustentabilidade.

Apoiar empresas comprometidas com o desenvolvimento sustentável:

Opte por comprar de empresas que incorporam práticas eco-responsáveis em suas operações. Incentive negócios locais que promovam a sustentabilidade e minimize seu apoio a negócios que tenham um impacto negativo no meio ambiente.

Participe de iniciativas de crowdfunding:

Contribuir para projetos sustentáveis, investindo em iniciativas de crowdfunding que visem desenvolver produtos, tecnologias ou serviços verdes. Isso pode incluir projetos relacionados a energia renovável, gestão de resíduos, preservação da biodiversidade, etc.

Procure programas de compensação de carbono:

Algumas organizações oferecem programas de compensação de carbono que financiam projetos para reduzir as emissões de gases de efeito estufa. Ao participar desses programas, você pode contribuir financeiramente para iniciativas de reflorestamento, energia limpa ou eficiência energética.

Participe de eventos e atividades ecologicamente corretas:

Participe de eventos, workshops, conferências ou ações de sensibilização que promovam iniciativas sustentáveis. Pode ser uma oportunidade para aprender, trocar ideias e conhecer outras pessoas que compartilham os mesmos valores.

Envolva-se como voluntário:

Dedique tempo e energia como voluntário para apoiar iniciativas verdes locais. Você pode se envolver em limpeza, reflorestamento, conscientização, construção verde ou outros projetos sustentáveis.

Faça sua voz ser ouvida:

Expresse seu apoio a iniciativas sustentáveis entrando em contato com formuladores de políticas, assinando petições, participando de consultas públicas ou escrevendo cartas abertas. Pressionar por políticas ambientais mais rígidas e incentivar as empresas a adotarem práticas mais sustentáveis.

Compartilhe seu compromisso nas redes sociais:

Use as mídias sociais para aumentar a conscientização sobre iniciativas sustentáveis e eco-responsáveis em sua rede. Compartilhe informações, recursos, artigos ou histórias inspiradoras para incentivar outras pessoas a se envolverem.

Eduque-se e compartilhe seus conhecimentos:

Saiba mais sobre questões ambientais atuais, soluções sustentáveis e melhores práticas. Compartilhe seu conhecimento com as pessoas ao seu redor, colegas, amigos e familiares. Educar outras pessoas sobre a importância de apoiar iniciativas sustentáveis.

Ao apoiar iniciativas sustentáveis e eco-responsáveis, você está ajudando a criar um movimento mais amplo em direção a um futuro mais sustentável. Seu apoio financeiro, tempo, voz e influência podem ter um impacto significativo no incentivo a mudanças positivas em direção a práticas ecologicamente corretas.

Participe de dias de limpeza ou campanhas de conscientização

Para participar de dias de limpeza ou campanhas de conscientização, aqui estão as etapas que você pode tomar:

Saiba mais sobre as iniciativas locais:

Procure organizações, grupos ou associações que organizem dias de limpeza ou campanhas de conscientização em sua área. Consulte sites, mídias sociais, jornais locais ou boletins informativos da comunidade para obter informações.

Identifique os próximos eventos:

Procure datas, locais e detalhes de dias de limpeza ou campanhas de conscientização. Anote-os em sua agenda e certifique-se de atender aos requisitos específicos de inscrição ou participação para cada evento.

Inscreva-se ou participe de um grupo local:

Entre em contato com o organizador do evento ou junte-se a um grupo local que participe de atividades de limpeza ou conscientização. Saiba como se cadastrar, quais tarefas são planejadas e quais medidas de segurança tomar.

Prepare-se para o evento:

Verifique se precisa levar ferramentas de limpeza como luvas, sacos de lixo, alicates ou ancinhos. Certifique-se de ter roupas apropriadas, como sapatos confortáveis, calças compridas e roupas que possam sujar.

Participe ativamente do evento:

No dia da limpeza, siga as instruções dos organizadores e trabalhe em equipe para recolher lixo e entulho. Siga as instruções de segurança e siga os protocolos adequados de gerenciamento de resíduos.

Envolva-se na conscientização:

Aproveite a oportunidade para educar outros participantes ou membros da comunidade sobre a importância de proteger o meio ambiente. Compartilhar informações sobre as consequências dos resíduos e incentivar boas práticas para a redução de resíduos e consumo sustentável.

Compartilhe sua experiência:

Use as redes sociais ou outros canais de comunicação para compartilhar fotos, pensamentos ou histórias de sua participação no evento. Incentive outras pessoas a se envolverem e participarem de iniciativas semelhantes.

Envolva-se mais:

Se você se inspira na experiência, considere se envolver mais ativamente juntando-se ao grupo organizador ou tornando-se um voluntário regular para iniciativas de limpeza ou conscientização. Isso permitirá que você continue contribuindo para a preservação do meio ambiente de forma mais sustentada.

Incentive outras pessoas a agir:

Compartilhe sua experiência com as pessoas ao seu redor e incentive outras pessoas a participarem de dias de limpeza ou campanhas de conscientização. Organize atividades semelhantes em sua própria comunidade para mobilizar mais pessoas e ter um impacto mais amplo.

Participar de dias de limpeza ou campanhas de conscientização é uma ótima maneira de tomar ações concretas para o meio ambiente e aumentar a conscientização sobre a importância de proteger nosso planeta. Cada pedacinho conta e contribui para um ambiente mais limpo e saudável.

Influenciar as decisões de política ambiental

Para influenciar as decisões de política ambiental, aqui estão alguns passos a seguir:

Conheça os temas:

Saiba mais sobre questões ambientais e políticas atuais. Familiarize-se com as questões específicas da sua região e as políticas em vigor. Acompanhe as notícias, leia reportagens e estudos sobre questões ambientais para entender melhor os assuntos.

Identificar os decisores políticos:

Identificar os decisores políticos responsáveis pela tomada de decisões sobre questões ambientais. Podem ser representantes eleitos a nível local, regional ou nacional, membros de comissões ou comités que tratem de questões ambientais.

Entre em contato com seus representantes políticos:

Entre em contato com seus representantes políticos, como deputados, vereadores ou senadores. Escreva-lhes cartas, envie e-mails ou ligue para seus escritórios para expressar suas preocupações ambientais, compartilhar suas opiniões e solicitar ações específicas.

Organize reuniões:

Solicite reuniões com seus representantes políticos para discutir questões ambientais. Prepare seus argumentos, traga fatos e dados relevantes para embasar suas afirmações. Seja respeitoso, mas firme em sua posição.

Participar de consultas públicas:

Não deixe de participar de consultas públicas sobre questões ambientais. É uma oportunidade de fazer sua voz ser ouvida, compartilhar sua experiência e contribuir para o processo de tomada de decisão. Faça um caso sólido e ofereça soluções concretas.

Junte-se a grupos de lobby ambiental:

Junte-se a grupos de lobby ambiental ou organizações que defendem políticas ambientais.

Estes grupos têm frequentemente maior influência, reunindo vozes e recursos para promover políticas amigas do ambiente.

Use mídias e mídias sociais:

Partilhe as suas opiniões e preocupações ambientais através dos meios de comunicação social e das redes sociais. Escreva artigos de opinião, publique nas redes sociais, compartilhe informações relevantes e participe de discussões para aumentar a conscientização e incentivar o apoio às políticas ambientais.

Vote pensando no meio ambiente:

Saiba mais sobre as posições dos candidatos políticos sobre questões ambientais e vote naqueles que apoiam políticas ambientais fortes. O voto é uma forma poderosa de influenciar as decisões políticas e incentivar os representantes eleitos a tomar medidas em matéria de ambiente.

Incentivar iniciativas locais:

Apoiar iniciativas locais de promoção de políticas ambientais. Participar de petições, manifestações ou campanhas de conscientização para pressionar os formuladores de políticas e chamar a atenção para as questões ambientais.

Mantenha-se engajado e persistente:

A influência política exige perseverança. Mantenha-se engajado em seus esforços, continue a informar e educar os outros e esteja preparado para defender suas posições em favor do meio ambiente. Mesmo pequenos passos podem ter um impacto significativo a longo prazo.

Sua voz conta e seu compromisso com o meio ambiente pode influenciar as decisões políticas. Ao expressar suas preocupações, propor soluções e mobilizar outras pessoas, você pode ajudar a moldar políticas mais sustentáveis para proteger nosso planeta.

INCENTIVANDO A AÇÃO HOJE PARA O PLANETA

Cada ação conta: Lembre-se de que cada ação que você toma para reduzir sua pegada ambiental tem um impacto positivo no planeta. Seja apagando luzes desnecessárias, reduzindo o desperdício de alimentos ou usando o transporte público, cada pedacinho conta.

Seja um modelo inspirador : suas ações podem influenciar as pessoas ao seu redor e inspirar outras pessoas a adotarem comportamentos mais sustentáveis. Lidere pelo exemplo, sendo um modelo inspirador de sustentabilidade, e incentive outras pessoas a se juntarem a você em seus esforços.

Proteja seu próprio futuro : Agir pelo planeta também é agir pelo seu próprio futuro. Ao adotar práticas sustentáveis, você ajuda a preservar os recursos naturais, prevenir os impactos das mudanças climáticas e garantir um ambiente saudável para você e para as gerações futuras.

Contribuir para a preservação da biodiversidade : A biodiversidade é essencial para o equilíbrio do nosso ecossistema. Ao tomar medidas para proteger o planeta, você está ajudando a preservar a rica fauna, flora e ecossistemas que nos cercam.

Poupe dinheiro: Agir ecologicamente também pode ter um impacto positivo na sua carteira. Ao adotar práticas de consumo sustentável, você pode economizar dinheiro a longo prazo, reduzindo os custos de energia, limitando compras desnecessárias e evitando custos de gerenciamento de resíduos.

Faça parte de uma comunidade global : Agir pelo planeta significa juntar-se a uma comunidade global comprometida com a preservação do meio ambiente. Ao se envolver, você se conecta a uma rede de pessoas que pensam da mesma forma trabalhando juntas para criar um futuro sustentável e equitativo.

Mantenha-se otimista e motivado : Quando confrontado com desafios ambientais, é importante manter-se otimista e motivado. Todo progresso, por menor que seja, conta. Sua contribuição faz parte de um movimento global para proteger nosso planeta e criar um futuro melhor para todos.

Aprecie a beleza da natureza : Ao agir pelo planeta, você pode continuar a desfrutar da beleza da natureza e preservar as maravilhas naturais que nos cercam. Ao adotar comportamentos sustentáveis, você ajuda a preservar os ecossistemas, paisagens e espécies que fazem do nosso planeta um lugar extraordinário.

Lembre-se de que você tem o poder de fazer a diferença : nunca subestime o impacto de suas ações individuais. Cada pessoa que age pelo planeta contribui para a mudança coletiva. Juntos, temos o poder de criar um futuro sustentável.

Aja hoje: A emergência ambiental exige ações imediatas. Não adie as ações que você pode tomar hoje. Cada dia conta, e cada passo que você dá em direção à sustentabilidade é um passo mais perto de preservar nosso planeta.

Lembre-se, cada pedacinho conta e seu compromisso com o planeta pode fazer uma diferença significativa. Nunca subestime o poder de suas escolhas e ações. Aja hoje para um futuro sustentável e inspire outras pessoas a se juntarem a você nesta causa vital.

OBRIGADO

Caro leitor,

A conclusão deste livro não teria sido possível sem a ajuda e o apoio de muitas pessoas. Gostaria de expressar a minha profunda gratidão a cada um deles.

Antes de mais nada, quero agradecer à minha família pelo carinho, incentivo constante e apoio incondicional ao longo deste projeto. Sua confiança e motivação foram inestimáveis.

Meus sinceros agradecimentos também aos meus amigos e entes queridos, que sempre estiveram lá para ouvir minhas ideias, compartilhar seus conhecimentos e me fornecer feedback valioso. Suas perspectivas únicas ajudaram a enriquecer este livro.

Gostaria também de expressar a minha gratidão a todos aqueles que defendem o ambiente e que trabalham todos os dias para aumentar a consciencialização e proteger o nosso planeta. Suas ações inspiradoras e determinação motivaram a escrita deste livro e me lembraram da importância vital de cuidar do nosso meio ambiente.

Por fim, um grande obrigado a você, caro leitor. Seu interesse neste tema crucial e sua vontade de agir pelo planeta é uma fonte de esperança e motivação. Espero sinceramente que este livro o ajude a dar passos concretos e a adotar ações eco-responsáveis em sua vida diária.

Juntos, podemos fazer uma diferença real e preservar nosso planeta para as gerações futuras. Muito obrigado por se juntarem a mim nesta missão essencial.

Kris Roots